The Pocket Guru

口袋里的
经营大师

〔英〕盖伊·布朗宁　珍妮特·布朗　著
刘 迎　译

中国市场出版社
China Market Press

图书在版编目（CIP）数据

口袋里的经营大师 /（英）布朗宁(Browning,G.),（英）布朗(Brown,J.)著；刘迎译．—北京：中国市场出版社，2012.10

书名原文：The Pocket Guru

ISBN 978-7-5092-0953-0

I. 口… II. ①布…②布…③刘… III. 商业经营—通俗读物 IV. F715-49

中国版本图书馆 CIP 数据核字（2012）第 237581 号

书　　名：口袋里的经营大师
著　　者：〔英〕盖伊 · 布朗宁　珍妮特 · 布朗
译　　者：刘　迎
责任编辑：郭　佳
出版发行：中国市场出版社
地　　址：北京市西城区月坛北小街 2 号院 3 号楼（100837）
电　　话：编辑部（010）68033692　读者服务部（010）68022950
发行部（010）68021338　68020340　68053489
68024335　68033577　68033539
经　　销：新华书店
印　　刷：北京九歌天成印刷有限公司
开　　本：889×1194 毫米　1/32　5.5 印张　105 千字
版　　次：2012 年 10 月第 1 版
印　　次：2012 年 10 月第 1 次印刷
书　　号：ISBN 978-7-5092-0953-0
定　　价：39.80 元

献辞

谨以此书献给我的小小顾问们：西西（Ceci）、西奥（Theo）、阿奇（Archie）、威尔（Will）和利比（Libby）。

致谢

我们感谢下列诸位给予我们的全力帮助：

感谢Lee Kemp，Emma Hendrie，Ralph Browning，Ed McCabe，Dominic Reimbold和Mike Brown为本书内容增色，感谢Martin Spear为本书设计提供给力的技术支持。

感谢Rachael Stock，Richard Stagg，Paul East，Nick Gowler和Emma Devlin的支持，他们是世界上最优秀的印刷团队之一。同时也感谢pfd的Rowan Lawton和Juliet Mushens的出色工作。

目 录

1

商界常识

BIG
思考要……

制定一份振奋人心的战略

- 明确什么是自己真真正正想要的。
- 研究。咨询。讨论。思考。
- 对市场机遇要了如指掌。
- 思考要宏观。给自己设立一个重量级的挑战。
- 思考哪些方面可能会遇到威胁。
- 确保自己有相应的人手来实施战略。
- 拟订头三步该怎么走。
- 设计完美的入市与出市计划。
- 对可能耗费的时间和成本要有双倍的预估。
- 学会灵活应变。前行的道路从来不是一条直线。

只有当我们满足并超越了顾客的期望时，我们才能成功。我们一心追求卓越，我们努力制定关于服务、价值、诚信和公平的最高标准并遵照执行。我们崇尚人、思想以及文化的多样性与伟大力量。我们尊重我们的业务所涉及的社群，并为之增光添彩。我们感到自身有责任树立富有创意、激情及对客户忠诚的榜样，成为业界领袖。

如何写好企业使命说明书

我们
做的
馅饼
味道
美极了！

简单管用的预算制作法

（高级银行家请无视）

- 你的收入从何而来？
- 每笔收入具体何时到账？
- 你每笔销售的成本是多少？
- 你每笔销售的利润是多少？
- 你的场地成本是多少？
- 你的人员成本（含自己）是多少？
- 你的水电、电话和互联网费用是多少？
- 出差、广告和保险的费用是多少？
- 财务管理的成本是多少？
- 利润就是把所有该付的钱都付了之后所剩下的部分。

60 刷
K=100
7 毫米
C=16 M=36 Y=36 K=0
皮肤质地
皮肤 4

如何打造一个强大的品牌

明确差别

视觉上有什么差别——选用什么样的形状和颜色？

听觉上有什么差别——选用什么样的音调？

行动上有什么差别——品牌的个性是什么？

保护差别

确保每个品牌使用者都能正确理解该品牌。

公司里里外外要有严格的品牌指导原则。

品牌要稳定，不要三天两头变更。

制造差别

将品牌用到业务的每一个角落。

树立员工对品牌的荣誉感。

令客户爱上每一次的品牌体验。

口袋里的经营大师

这是一……的小猪

如何学会营销

- 明确目标客户。
- 研究客户的思维方式、内心感受以及购物习惯。
- 讲好产品背后的故事。
- 选择能形成最大影响力的媒体。
- 向客户推销产品的情感性益处，而不是技术性能。
- 任何设计都应简洁、友好。
- 全力捍卫产品的独特性。
- 坚持沟通交流。
- 与所有员工分享你对品牌的愿景。
- 创建活跃的客户群。

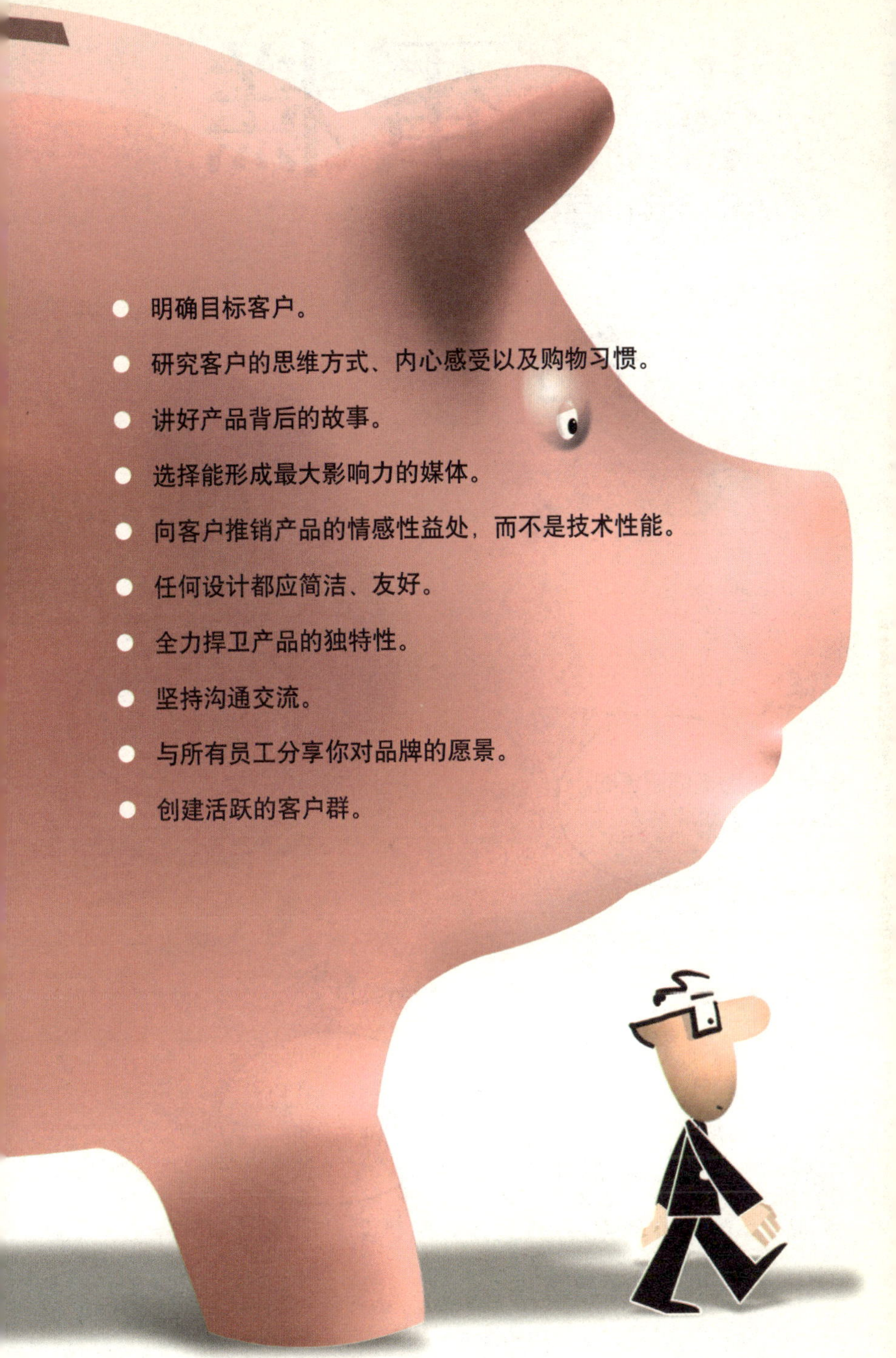

热销蛋糕

如何卖出更多产品

与正确的对象进行清楚的沟通
售罄
售罄
树立一个人们喜爱的品牌
售罄
向人们展示你的产品如何让他们的生活变得更便捷
使顾客能简单方便地买到产品
售罄
用心聆听顾客，用情打动顾客
售后服务好，回头客自然来

吃掉别人的午餐

如何在竞争中脱颖而出

- 摸清对手的底细。
- 在对手不经意之处出新出奇。
- 推出比对手更为简单易用的产品。
- 为某个顾客群提供比对手更好的服务。
- 打造一个更为诱人的品牌。
- 不断改善对顾客服务。
- 行动要比对手更快、更灵活。
- 建立有力的合作伙伴关系。
- 利用新兴渠道进行营销。
- 在对手发展得过于庞大之前将其收购下来。

顾客**高兴**

生意才能做得好

- 为顾客提供最佳体验。
- 让做生意成为一种享受。
- 由顾客选择购物方式。
- 为顾客带去全新的思路。
- 建立一个强大的顾客群。
- 文字材料应简明扼要。
- 及时处理顾客的反馈。
- 正确掌握顾客的一些细节要求。
- 保持与客户的联系。
- 小处着眼、以情动人。顾客会铭记在心。

就这么定了

通过谈判获得你所希望的结果

- 首先明确什么样的结果能让自己满意。
- 实现目标的方式应灵活。
- 明白自己的底线——有些红线碰不得。
- 记住，要拿得起、放得下。
- 明白对方想要什么。
- 预先思考对方会怎样进行谈判。
- 共同提出几套选择方案。
- 慢慢来，无须着急。
- 将难点一一攻克。
- 心中同意，然后再表态同意。

坚若磐石

项目管理

- 细致、周全地计划每一件事。
- 与负责执行的团队对计划进行审核。
- 做好你的计划需要做出调整的准备。
- 制定应急处置的时间和预算方案。
- 为每个人都分配具体的任务。
- 确定明确的阶段性目标和可实现目标。
- 定期开会回顾任务完成进度。
- 及早查清问题。
- 坚持作好全面、清晰的记录。
- 定期向顾客提供新资讯。

带上你的舞伴

如何与其他企业共事

- 一开始就提出详细的预期目标。
- 了解合作伙伴的工作模式。
- 明确双方分工。
- 签署书面服务协议。
- 事先一起做好工作规划。
- 时间和投资分配要公平。
- 让自己的员工与他们的员工进行对话。
- 定期给出中肯的反馈。
- 设立定期评估制度和退出时间点。
- 帮助合作伙伴扩大业务。

- 只有你觉得非常有必要时才开会。
- 计划好你希望达成的结果。
- 仅邀请有用的、感兴趣的人参会。
- 让大家明白你的开会意图。
- 确保与会者相互认识。
- 少说多听。
- 切忌偏离主题，时刻集中注意力。
- 在大家集体思想开小差之前结束会议。
- 就谁在什么时间做什么达成一致。
- 跟进每个与会者对会议后续的落实，这有助于你了解员工。

会议也可以是美妙的

开值得开的会

2

顺畅运营

颜色不正、精神不佳？

为自己的生意做体检

产品	富有吸引力	功能好	可靠耐用
物流	快捷	灵活	高效
技术	响应及时	具有支撑力	势头强劲
创新	产品	服务	市场
说明	准确	有益	及时
顾客	喜爱	讨厌	渴望
服务	简单	友好	有信誉
沟通	员工	顾客	合作伙伴
人手	训练有素	注意力集中	充满动力
道义	大众	环境	业界

稳固、可靠，但极易败给反应更快、对顾客更为友好的其他品牌

行动迅速，牢牢以销售为中心，但难以持续取得成功

以顾客为中心，但技术与流程创新不足

二次思考

创新的捷径

- 将好点子吸收到自己的生意当中。
- 将你自己的好点子推广到其他市场。
- 重构思路，改善观感或触感。
- 产品要么做成一次性的，要么就做成经久耐用的。
- 产品要么做成高档次的，要么就做成廉价而喜闻乐见的。
- 绕过中间商，直面消费者。
- 成为中间商，创造附加值。
- 把小玩意儿做大，把大玩意儿做小。
- 化难为简。
- 启用新品牌、新故事。

生产力推进器

从现有生意中获取更多价值

- 评估你已经开始做的每一件事。
- 制定明确的改进目标。
- 令各团队领导人有足够的动力。
- 向一线人员征求意见。
- 为员工提供富有弹性的劳动时间安排。
- 剔除所有流程中的不合理部分。
- 只提供顾客真正想要的产品和服务。
- 减少个人非主要活动安排。
- 挖掘所用技术的其他功用。
- 实行按绩效分配的制度。

风险
居安思危
防患于未然

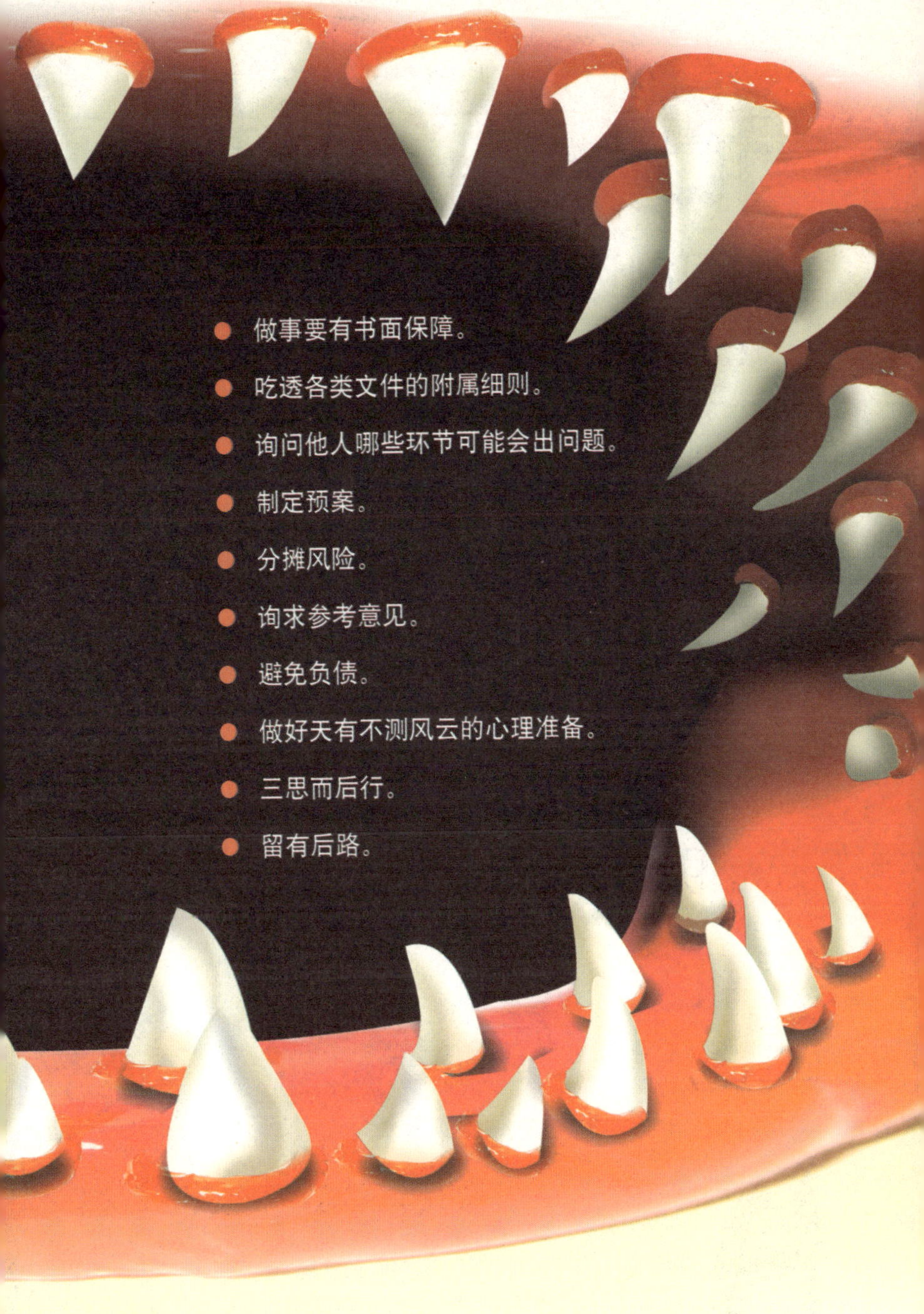

- 做事要有书面保障。
- 吃透各类文件的附属细则。
- 询问他人哪些环节可能会出问题。
- 制定预案。
- 分摊风险。
- 询求参考意见。
- 避免负债。
- 做好天有不测风云的心理准备。
- 三思而后行。
- 留有后路。

把数字想好

如何制订销售计划

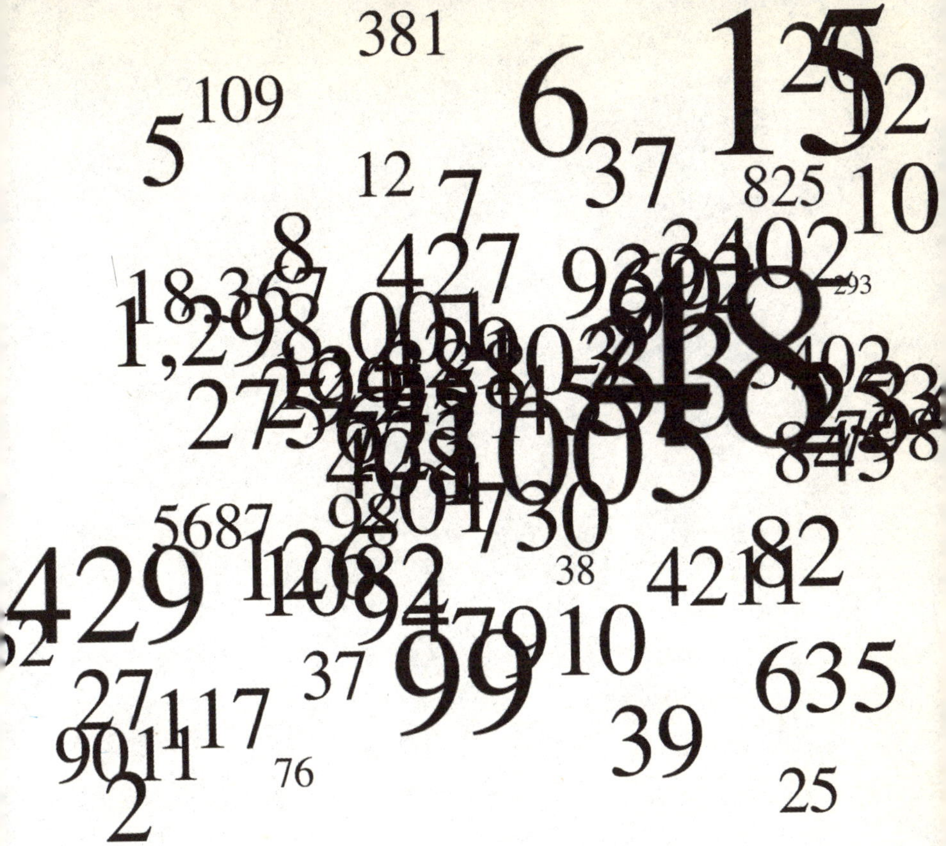

- 哪些是你新的目标客户？
- 可实现转化率是多少？
- 可以预见哪些业务能吸引回头客？
- 列出你的当前目标和长远目标。
- 所提目标应具体、可衡量、有野心。
- 将目标化为具体行动。
- 根据地域、账户或部门来分解任务。
- 重点考虑可扩大销售的愿景。
- 优先向重点领域分配资源。
- 拟订一份带有时间表的行动计划。

空中飞人

出差须知

- 出发之前先把各环节考虑透。
- 将重要文件存放网上，以便随时查阅。
- 只带手提行李，并随身盯紧。
- 重要旅行材料要复印留底。
- 带好手机充电器、欣赏音乐的耳塞和洗漱用品。
- 核实各项行程、会议及会面安排。
- 随身带些零钱和一张额度足够大的信用卡。
- 根据当地的气温和习俗来决定着装。
- 游览美景莫错过，也许这就是你一生只来一次的地方。
- 每次都带一本好书。这随时随地都不失为一种好的消遣。

结算线的更大盈余

如何提高利润

- 扩大销售量。
- 提高产品价格。
- 降低劳动成本。
- 提高生产力。
- 减少浪费。

- 压低供应商价格。
- 重新就原材料价格进行谈判。
- 寻找新的产品分销地。
- 削减在专业服务上的开支。
- 提高营销支出的针对性。

顾客的心

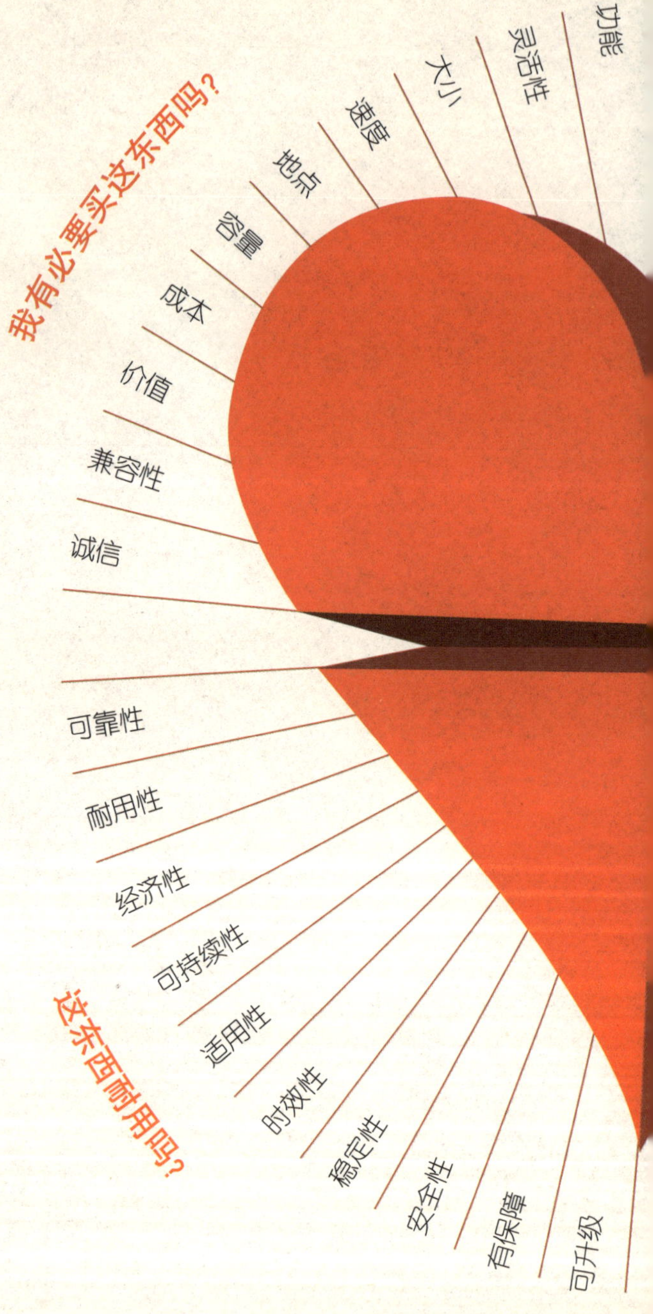

我有必要买这东西吗？
功能
灵活性
大小
速度
地点
容量
成本
价值
兼容性
诚信
可靠性
耐用性
经济性
可持续性
适用性
时效性
稳定性
安全性
有保障
可升级
这东西耐用吗？

什么能让它怦然跳动

品牌
价格
包装
人员
口碑
忠诚
声誉
优惠
潮流
归属感
我是真心想买吗？
简单
有意思
友好
有个性
有魅力
售后服务好
令人惊喜
令人心旷神怡
可以依赖
道德上无可厚非
这东西用起来是否舒心？

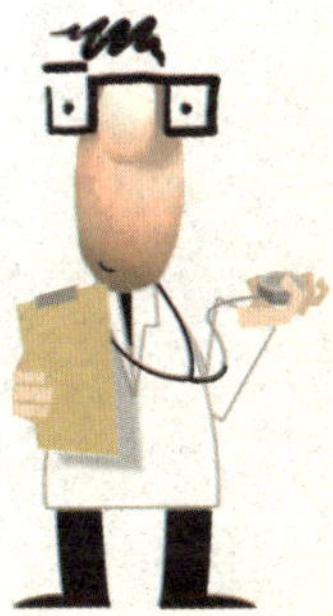

什么危机？

应对好坏事，大可转危为安

- 掌握实情，直面现实。
- 要明白还没到世界末日。
- 担当责任，并付诸行动。
- 先止血。
- 找出问题根源。
- 全神贯注搞恢复。
- 思考要认真、快速、有新意。
- 诚心诚意表达歉意。
- 努力补缺补漏。
- 务必吸取教训。

进退维谷

管好现金流　付款有保障

- 搞清楚自己什么时候付钱、什么时候收钱。
- 记住，钱没到手就不算完成一笔交易。
- 追账要赶早不赶晚。
- 向先付钱者提供优惠。
- 若可能，可在款项到账前先把一些事放一放。
- 对外支付要分清轻重缓急，搞清哪家是现在必须要支付的。
- 与债主保持信息沟通。
- 熟悉各项支付条款。
- 了解自己的合法权利。
- 温和、有礼貌，同时也要强硬。这可是自己的钱。

Statement
Costs
Costs

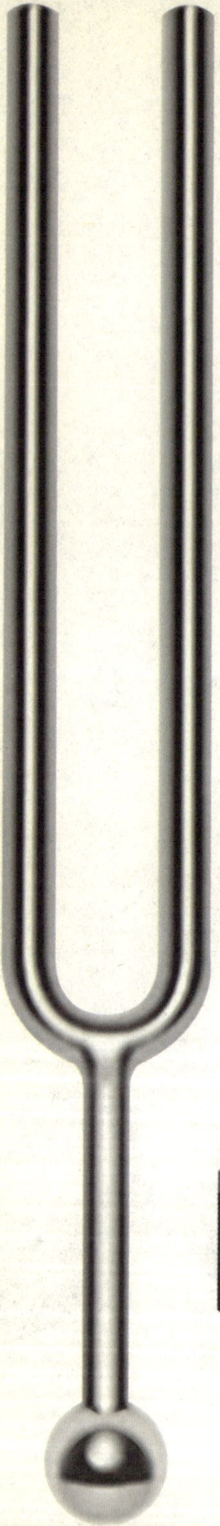

在比稿中
完胜
如何赢得合同

- 在比稿中赢得一席之地。
- 就项目简况提出各类细节问题。
- 了解他们的采购方式。
- 了解竞争对手手中有什么好牌。
- 花时间认认真真思考存在什么问题。
- 项目答辩要出新出奇。
- 方案汇报要引人入胜。
- 跟你的推荐人商量好该如何推销自己。
- 在截止日期之前越早拿出东西越好。
- 让他人接受你的成本、认可你的价值。

工作完毕
该收钱了

MUST PAY WITHIN 30 DAYS
MUST PAY WITHIN 30 DAYS
MUST PAY WITHIN 30 DAYS
MUST PAY WITHIN 30 DAYS
MUST PAY WITHIN 30 DAYS
MUST PAY WITHIN 30 DAYS
MUST PAY WITHIN 30 DAYS
MUST PAY WITHIN 30 D
以书面形式明确支付条款——30天！
SEND
趁你的工作成果还热乎，赶紧把有待支付的发票寄出去
将你的发票寄给一个有具体电话号码的具体的人员
不少单位付款都是每月结算一次，千万别错过他们的结算日

把钱汇入他人账户后，
当天给人打个电话——
给他们一个惊喜！
务必对账户持有人客气一些——他们
也是活生生的人，不是苍白的账户
£200
£465
£678
£521
£180
PAID
£176
£290
£102
£300
£70
学会爱上你的报表，
每天盯着看看
要求不爽快付钱的主最先还
钱——在他们让你不痛快之
前先让他们不痛快
赖账者要穷追猛打——他们
最终总会乖乖掏钱的
HELP
如果你个人不喜欢
管票据，那就请他
人代你管理好了

3

个人培训

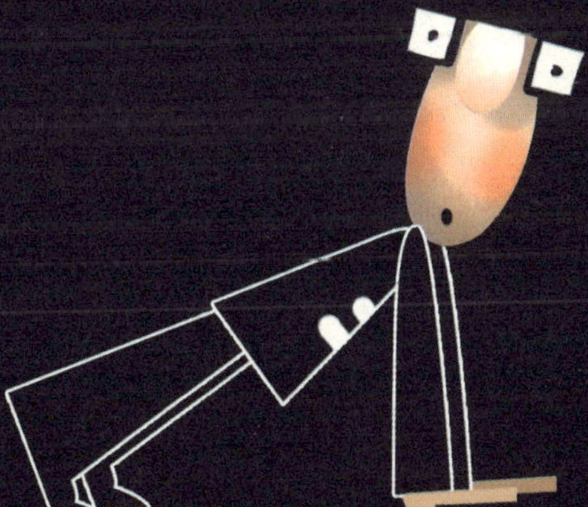

工作

怎么做好自己讨厌的事

止痛

- 将你讨厌的事作为你第一件要做的事。
- 提醒自己这件事做成之后有哪些好处。
- 与他人交谈。减少恐惧感。
- 寻求支持。
- 制定细致规划。
- 确定工作启动时间。
- 将第一步设计成最容易的一步。
- 记住，这远谈不上是最糟糕的。
- 给自己准备一份奖励。
- 现在就行动。速战速决。

魔力裤

行事有条有理　切莫颠三倒四

- 清楚掌握自己的日程。
- 给自己留一些思考时间。
- 及时查收处理邮件。
- 凡事计划在前。别老觉得时候尚早。
- 研究其他人需要什么样的动力。
- 做事要灵活。
- 不要急着给出回应。
- 定期与他人碰头沟通。
- 理顺财务事宜。
- 做好应对最坏结果和最佳结果两手打算。

脾气好的家伙最终往往

最幸福

工作中那些管用的个人价值观

- 善于聆听。
- 对待人才要慷慨。
- 不说他人的坏话。
- 伤人三分，必定自伤七分。
- 花点时间向别人说声谢谢。
- 如果感觉某事问题，那肯定就有问题。
- 切莫厚此薄彼。
- 主动请缨把事情做得更好。
- 获得多少，应相应给予多少。
- 文案整洁，内心明净。

放松……

在压力压得你啥事也处理不成之前，先把压力处理好

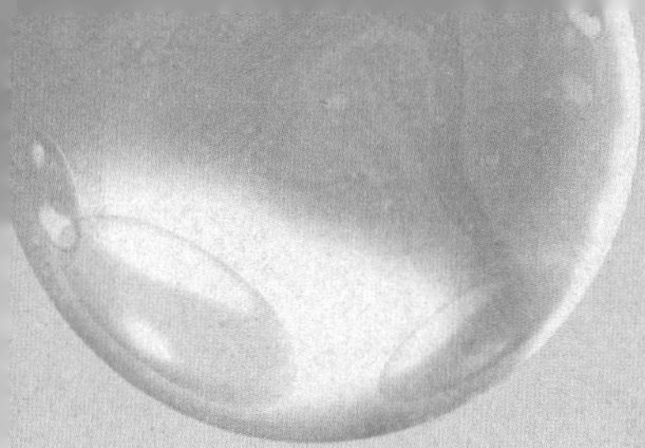

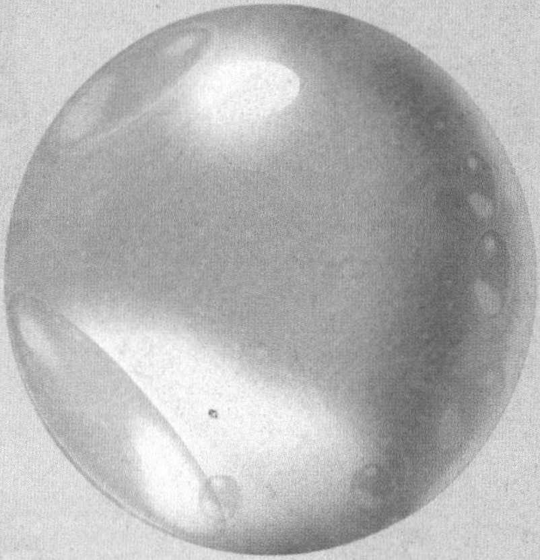

- 明白哪些是自己真正想要的，哪些不是。
- 对别人说：谢谢，但我真的不需要，谢谢。
- 没必要做的事就不做。
- 把自己要做的每件事都化繁为简。
- 计划好放松的时间。
- 身体一放松，精神便自然会相应放松。
- 欢笑、享受午餐、与他人闲聊。
- 好的沟通总是有益的。
- 绝不把工作带回家。
- 放轻松。这不过只是工作罢了。

时间差不多了！

时间即金钱　分配要明智

- 不要盲目接受自己无法满足的截止期限。
- 协商日程安排。
- 承诺要慎重，完工要赶早。
- 花时间制订计划是一件磨刀不费砍柴工的事。
- 制定紧急情况预案，以备不时之需。
- 定期就工作进展进行沟通。
- 专门花时间对各事项进行详细检查。
- 每件事情都有其特有的周期。要顺其道而行。
- 别把时间耗在那些浪费时间的人身上。
- 现在就着手吧。不要觉得现在为时尚早。

挤出创意的甘露

给思维一个发挥的空间

- 暂时撇开你所知道的东西。
- 思考一些完全不一样的东西。
- 想象这些东西应是什么模样。
- 了解当前的黄金准则，然后将之打破。
- 摆出你的问题，然后将其改写。
- 用新的词语来诠释新想法。
- 尝试让时间、资金和人员分配多样化。
- 将成熟的理念引入新的领域。
- 学会解决一个问题背后的问题。
- 化繁为简。

公交车站
X3
6A

谢天谢地
可算等到星期一了！
如何快乐地投身工作

- 做有意义的事。
- 一天工作八小时。
- 面对压力，心态要放松。
- 与自己欣赏的人一起共事。
- 帮助他人学会享受工作。
- 为你所做的事感到自豪。
- 走路、跑步或骑单车上班。
- 每天学点新东西。
- 多做自己擅长的事。
- 别用自动贩售机。

蝴蝶？

毛毛虫树立信心的几点窍门

- 什么吓着你了？当真如此？
- 与别人谈谈你的恐惧——交谈有助于减轻恐惧。
- 记住，没有人是完美的。
- 遇人马上打招呼。剩下的就容易了。
- 微笑——微笑是自信的第一步。
- 按照自己的节奏行事。
- 切莫妄自菲薄。
- 关注自己的优势所在。
- 做事尽全力，事后要放松。
- 做真实的自己——这才是你最擅长之处。

如何作出**重要决策**

往后的岁月里，你不会有一丁点遗憾

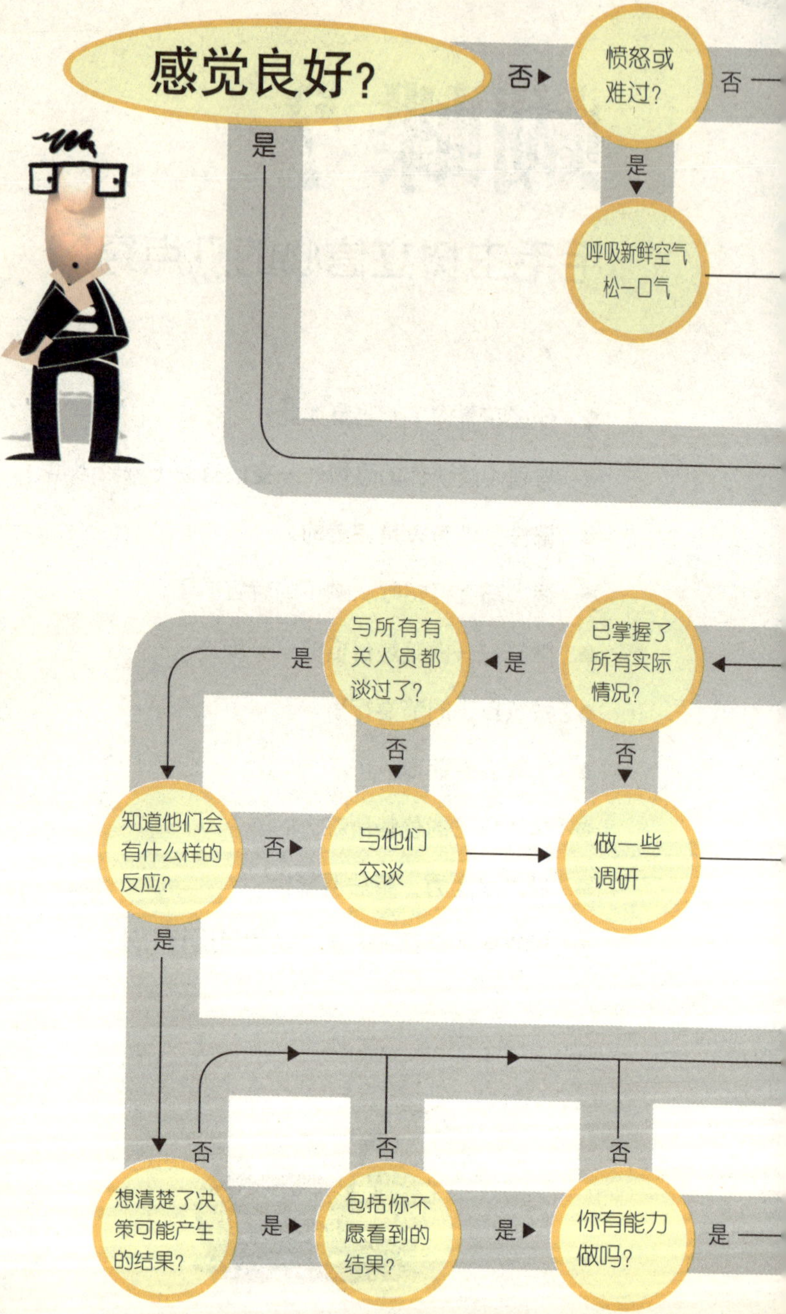

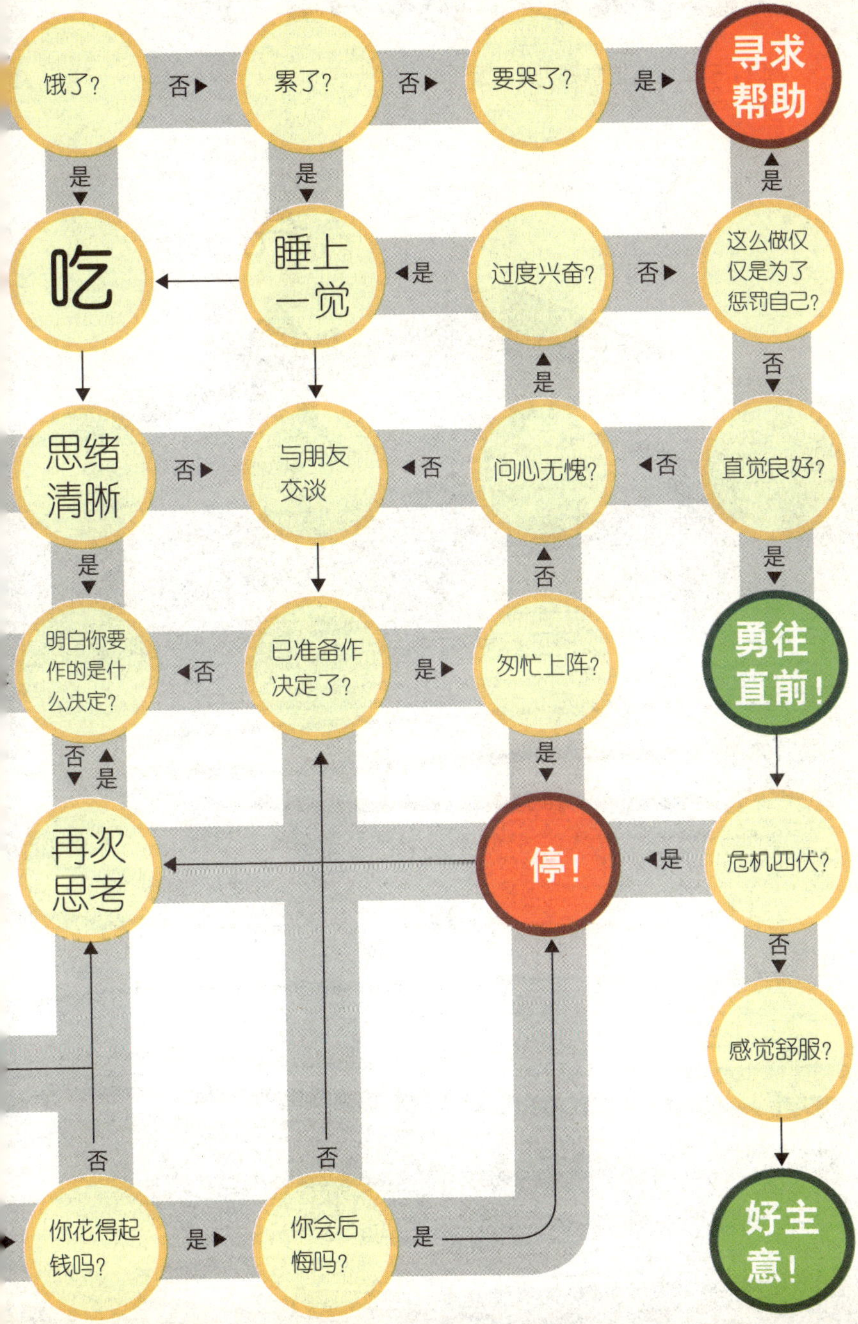

饿了?
否
累了?
否
要哭了?
是
寻求帮助
是
是
吃
睡上一觉
是
过度兴奋?
否
这么做仅仅是为了惩罚自己?
是
否
是
思绪清晰
否
与朋友交谈
否
问心无愧?
否
直觉良好?
是
否
是
明白你要作的是什么决定?
否
已准备作决定了?
是
匆忙上阵?
勇往直前!
否
是
是
再次思考
停!
是
危机四伏?
否
感觉舒服?
否
否
你花得起钱吗?
是
你会后悔吗?
是
好主意!

先做该做的事

如何分清轻重缓急

1. 急迫、重要、感兴趣的事
2. 急迫、重要，但不感兴趣的事
3. 重要、感兴趣，但不急迫的事
4. 急迫、感兴趣，但不重要的事
5. 重要，但不感兴趣也不急迫的事
6. 急迫，但不感兴趣也不重要的事
7. 感兴趣，但不急迫也不重要的事
8. 不急、不重要、不感兴趣的事

聆听	花时间与人相处	表达同情
记住他人姓名	表达谢意	祝贺其成功
注意细节	保持联系	多看他人的长处
泡咖啡	以礼待人	放松
少抱怨	乐观	提供好的反馈
承认错误	提出问题	保持清洁
解决冲突	提供灵感	树立榜样

人际交往的技巧

不要评判他人

偿还债务

帮助解决问题

介绍他人

微笑

信任他人

沉着冷静

团结他人

热爱家庭

等候自己的时机

准时

感兴趣

思想开明

集思广益

打招呼

控制自尊心

欢笑

谅解

尊重不同点

耐心

共进午餐

要工作
也要身体

办公室保健要点

- 身体坐直。给肺部足够呼吸空间。
- 如果少于20层，那就爬楼梯吧。
- 午间休息时可适量活动。
- 自带午餐。这样更实惠，也更健康。
- 往桌上放瓶水，把它喝掉。
- 在抽屉里放些水果和果仁。
- 上卫生间挑办公楼里最远的那间。
- 试试走路、骑车甚至划船去上班。
- 在健身房里思考问题。
- 开会时多揉捏臀部（仅限自己的臀部）。

反应生成器

当你不知道该做什么时，该怎么办

投入	选择	协调	找准时机	劝
传达	遵守命令	造反	超脱	慌
广泛咨询	控制	离开	接受	拒
重新设计	一笑而过	协商	辩论	找到
延缓	妥协	想象	争辩	聆听
回应	纠正	委任	冷静沉着	等待
加速	重复	移动	强调	再思
回到基本	直面	投资	休息	花钱
澄清	承诺	以书面形式明确	停止	出去走
会面	道歉	学习	改善	发泄

发掘	再接再厉	表达感谢	梦想	购买	争取
现	后退	改变	简化	全面寻找	提出异议
整	计划	头脑风暴	卖出	忽视	放缓速度
分	研究	祈祷	支持	研究	提供帮助
藏	和解	寻求帮助	重新定义	知晓	发展
开	放松	夺冠	表示赞同	睡上一觉	庆祝
放	欢迎	搁置	听取法律建议	划分	避免
心	公布	沟通	从头再来	保持沉默	朝上看
失	回顾	请求	思考	奖励	旅行
补	跟随直觉	开拓	回家	分清主次	检查实情

4

人员管理

紧步跟我走

天然领导力

- 对自己提出的愿景笃信不移。
- 组建一支拥护你的愿景的团队。
- 工作起来比其他任何人都努力。
- 自己的问题自己处理。
- 直接告诉你的团队你对他们有哪些期许。
- 聆听团队的意见，尊重他们的技能。
- 保障所有人信息畅通、动力十足。
- 所发命令要清晰，命令执行要到位。
- 冷酷待人的情况应少之又少。
- 所得收益要分享。

改变他人

让改变在他们身上悄无声息地完成

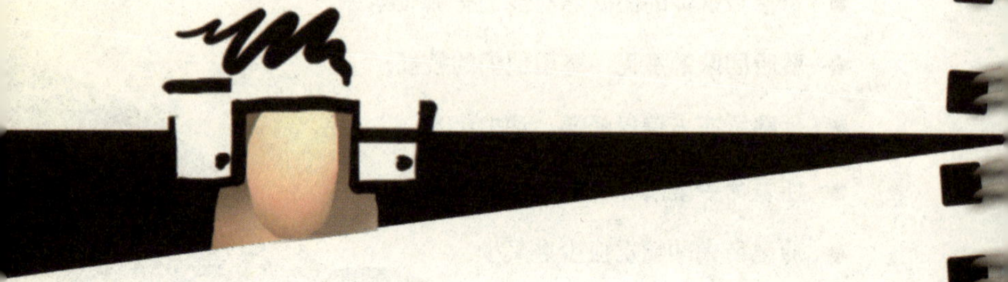

- 改变不能强迫——要让他人主动想要改变。
- 首先通过聆听将他们拉拢到你的身边。
- 了解他们做某事的原因是什么。
- 主观上得觉得他们希望获得的是最佳的结果。
- 令他们明白为什么说他们好心办了坏事。
- 向他们提问，什么样的微调能够产出更好的效果。
- 确保所做改变能使大家看上去状态不错。
- 向他们展示所做调整促成了什么样美妙的变化。
- 要对调整进行监督——谨防倒退。
- 绝不要低估懒惰、无能和恐慌情绪的影响。

把我拉回来！

如何让员工干劲十足

- 自己首先得有充足的干劲——从而感染他人。
- 弄清楚什么能催生员工的干劲。
- 将一项有意思的挑战分配给他们。
- 待人要处处示以尊重。
- 聆听他人。
- 允许员工按自己的风格去办事。
- 允许他们失败，给予他们学习的空间。
- 给他们以有力支持。
- 取得成绩要奖励。
- 才干出众要提拔。

看看你！

给出适宜的评估

- 不要把什么事都拖到评估时才处理。
- 要考虑员工宽广的职业道路。
- 首先问问员工他们最近怎么样。
- 避免人身批评。就事论事即可。
- 征询团队其他人的反馈。
- 开诚布公地对待工作关系。
- 表扬，然后批评，然后再表扬。
- 把注意力放到具体的发展任务上。
- 请员工对评估会议进行总结。
- 将评估作为一个真正的转折点。

面试
提问
速成

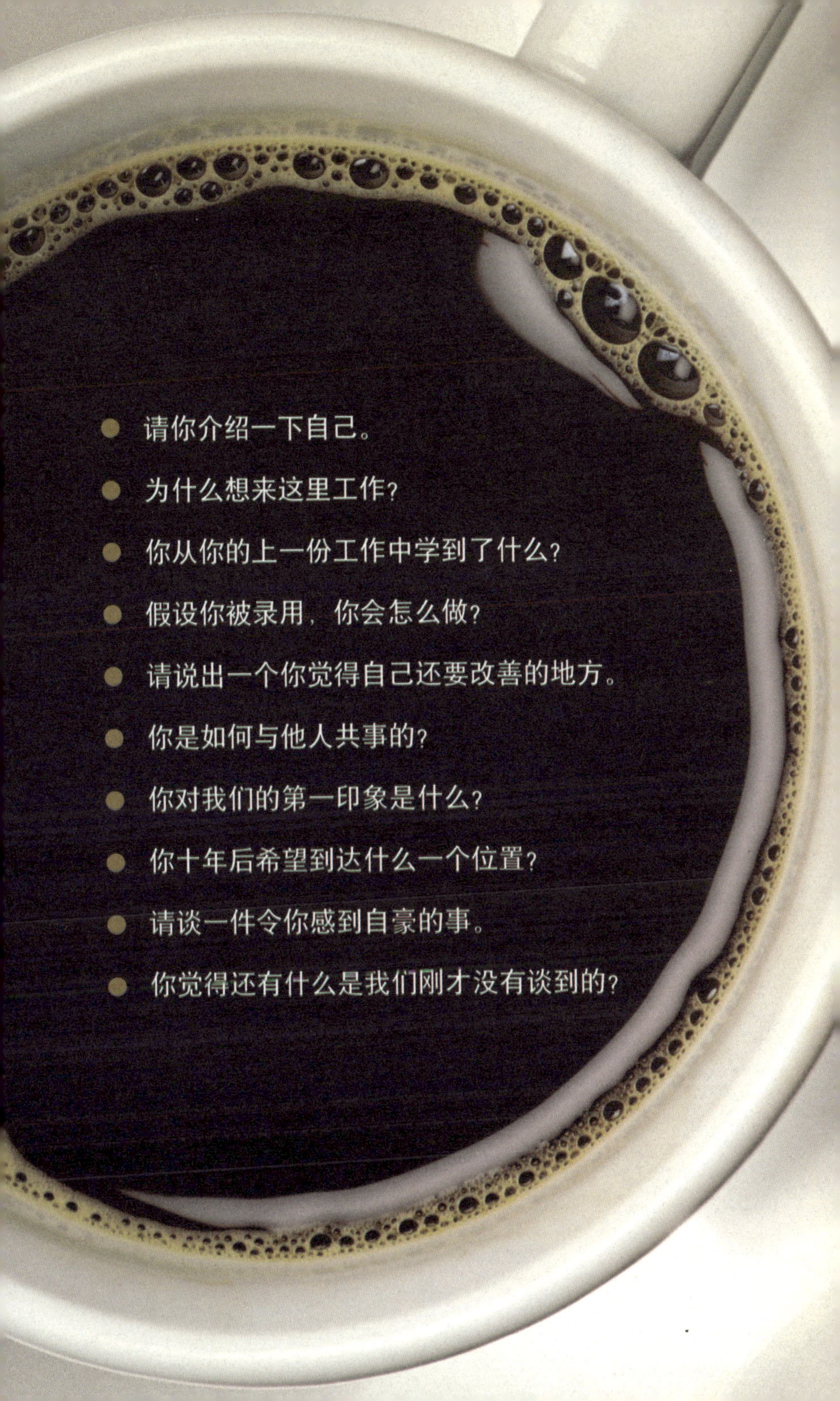

- 请你介绍一下自己。
- 为什么想来这里工作？
- 你从你的上一份工作中学到了什么？
- 假设你被录用，你会怎么做？
- 请说出一个你觉得自己还要改善的地方。
- 你是如何与他人共事的？
- 你对我们的第一印象是什么？
- 你十年后希望到达什么一个位置？
- 请谈一件令你感到自豪的事。
- 你觉得还有什么是我们刚才没有谈到的？

小人

如何应付小人

- 能避而远之自然最好。
- 别向小人发出威胁。
- 了解他们的领导是谁。
- 让自己的工作无懈可击。
- 时刻保持冷静。
- 将他们说的话记录下来。
- 要主动地应付好他们。
- 发展一个有利于自己的人际支持网。
- 要做好可能会遇到麻烦的心理准备。
- 只有当你的势力对比绝对占优时才能施以打击。

与天才共事

管理那些自视天才的人

- 面对特立独行，心态要放松。
- 帮助他们将注意力放到他们的天才才干上面。
- 将真正富有挑战性的问题交由他们去攻关。
- 鼓励畅所欲言。
- 保护创意者免受繁文缛节所限。
- 引入微妙的竞争氛围。
- 给他们以激励（要有实际奖励）。
- 为思维的发展提供时间和空间。
- 让创意者与执行者组成团队配合工作。
- 对那些提出独特思路的人要有所奖励。

载我飞往月球！

如何提出干脆明了的目标

- 详细描述你的预期结果是什么。
- 向员工解释为什么说这事值得去做。
- 制定目标考量标准。
- 确保目标获得一致同意。
- 所制定目标应务实可行又不失大气。
- 应制定一份大家一致认可的时间表。
- 考虑一下目标的实现需要哪些支持。
- 要做好随着时间推移可能要对目标进行调整的准备。
- 定期听取有关进展的汇报。
- 敦促员工制定他们自己的长远目标。

辅 导

帮助员工学会自我帮助

- 安排有效时间召开例会。
- 记住，这是一个共同参与的过程。
- 要真正了解他们所做的事情。
- 共同商定哪些是大家都希望看到的改变。
- 给予员工坚定支持，不要妄加判定。
- 通过聆听和提问等方式获得更多的背景信息。
- 帮助员工学会为他们自己进行思考。
- 不要急着给出解决问题的建议。
- 与他们共同确定现时目标和长远目标。
- 定期过问，督查有关进展。

这地儿真棒！

如何打造快乐的办公室氛围

- 薪酬要过得去。
- 工作流程上的重大问题要解决。
- 领导要平易近人。
- 允许员工拥有弹性的工作时间。
- 各个层面都要沟通好。
- 抛开阶层观。
- 工作努力要认可、要奖励。
- 开短会、开有意义的会。
- 娱乐要适度，不要过。
- 餐饮安排要可口。

你被我催眠了

让他人想你所想

- 阐述清楚你想要什么。
- 愿望表达要热烈。激情也是一种说服力。
- 全盘掌握有关情况，包括那些可能没有帮助的情况。
- 不要等到你有需要时才与别人打交道。
- 千万别主观臆断你的所想就是别人所想。
- 向他人强调你的办法能带来什么好处。
- 提醒其他路线可能会带来什么危险。
- 知晓他人的感想。尊重他们的感想。
- 让他人觉得你的主意是水到渠成的结果。
- 有礼貌、坚持不懈、有说服力。

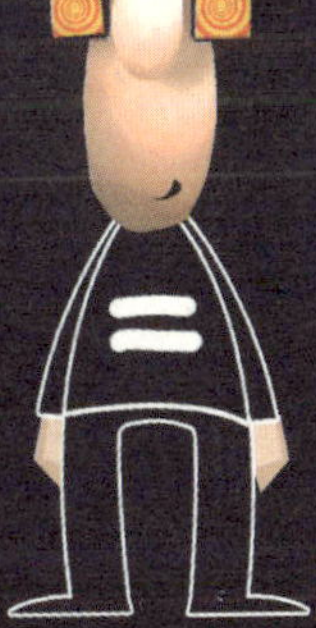

办公室政治

如何小心穿越雷池

- 个人一切行动均应公开透明。
- 与各方都要有所沟通。
- 在所有部门都应有自己的盟友。
- 找出办公室内的“政客”并加以注意。
- 明白是什么威胁到了他们。
- 重要事项要书面记录。
- 高层要有自己的朋友。
- 具备明显的突出的工作能力。
- 抢在成为他人谈论话题之前与他人先沟通。
- 以君子之心度众人之腹。至少一开始如此。

散开头发
尽情欢呼！

庆祝成功

- 举办一场活动来纪念成功。
- 告诉每个人他们各自所做工作的重要意义。
- 回顾是哪些举措上做得好。
- 团队集体合影留念。
- 提拔要趁员工信心满满时进行。
- 对内对外均对所取得成就进行宣传。
- 寻求大老板的肯定与感谢。
- 倘若前期工作辛苦，可考虑给员工放假。
- 记住，钞票总是受欢迎的。
- 对下一次成功提出展望。

绳索

如何介绍新进人员

- 在新人上班之前先与其有所接触。
- 应一组一组地介绍新人。
- 别用视频介绍的方式。发型不合适则要求其做出改变。
- 尽可能广泛地向公司员工介绍新人。
- 带领他们熟悉公司各个地方。
- 告诉他们你对他们的期望。
- 确保将所有办公用具都发到他们手上。
- 为每个人安排一个老手进行传帮带。
- 一个月后开一个后续会议。
- 询问新人他们的第一印象如何。

5

沟 通

榆木脑袋

通过更好的沟通把事情办到位

- 明确你希望实现什么样的改变。
- 如果你真正相信某事，那就展示给别人看。
- 开口之前先思考，思考之前先聆听。
- 先秀出主题，然后再谈整个故事。
- “始终如一”的做法所传达出来的信息是最明确的。
- 如果某事真的很重要，那就面对面地与人谈。
- 亲身实践比任何口头说服都管用。
- 鼓励他人给予反馈，并及时处理反馈。
- 跬步前行要比声势浩大但时隔久远的做法好得多。
- 改变切实发生了，那就表明你的话他们听进去了。

收件箱入侵者

赢得电子邮件的战争

- 如果事情真的很重要，那就直接与人交谈。
- 电话还是很好用的。
- 手写书信不容易被人删除。
- 坐办公室里就能看见的人，就别费劲发邮件了。
- 如果你不发送，他们就不会回复。
- 别让太多人把你列为邮件通信录上的常客。
- 垃圾邮件应持不发送、不回复的态度。
- 如果你打开了邮件，那就把邮件处理好。
- 记住，没有人愿意读长度超过6行的文字。
- 置之不理的时间一长，邮件也就自动生物降解了。

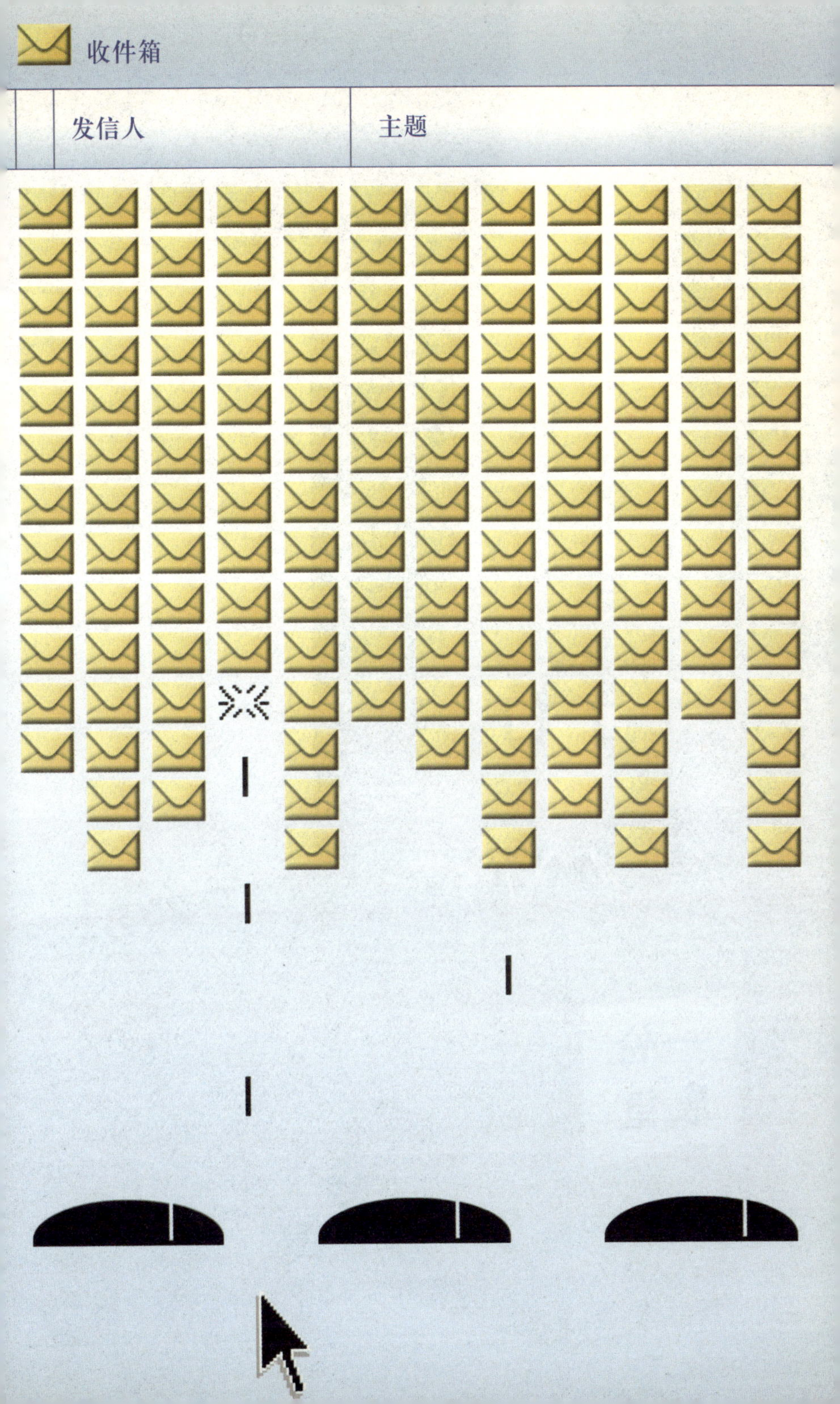
收件箱
发信人
主题

一份
展望

- 办会目的要明晰。
- 提早作好计划。
- 选择一个新鲜的场所开会。
- 指定一个负责人。
- 别用力过猛。
- 把“有趣”的事真正做得“有趣”。
- 互动有助于产生能量。
- 无趣的发言者只会榨干能量。
- 可口的茶点可为活动助一臂之力。
- 向专家寻求技术帮助。

思想的盛会

如何办一场出色的会议

砰！

如何写好商务公文

文章一开始要拿出有分量的、类似于“砰的一声”的东西抓住阅读者的心。用吊胃口的方式牵住他们的兴趣点……

只要你读完这个，你就再也不会像老一套那样去写文章了（文章开头不久就得出现“你”字，表明这完全都是针对他们来写的）。

过去，我的朋友艾丽莎写的邮件可以算得上是全世界最乏味的了。现在一切都变了！她写出来的句子又短又精炼。一如本句。现在，她的文风更倾向于她说话的风格，更为自然，更为引人入胜。

我们也不知道艾丽莎是何方神圣，但我们就是喜欢她这样的角色。这便是好的榜样的作用。类似事例要多用。

选词应好比你从包装盒里挑第一块巧克力一般。顺口的、闪光的选择有很多。

文字付印或发出之前，自己先要通读一遍。很容易就能从中找出一些像“牍”这样的让人脸红的错别字。

忌重复、赘述。要把重复和赘述都剔除。

文章从上到下要有一个供你将主题高高挂起的上部、可供将主题徐徐放落的中部，可供主题安全着陆的安身立命的底部。

好的文章应是一场写在纸上的令人心悦诚服的演讲。

A4

如何在一面纸上把你的意思说清楚

如何用单面 A4 纸的篇幅把你的信息传达出去

介绍主题

商界人士通常渴求信息却又没有过多时间细细消化。给他一份厚重的报告，他往往只会浏览一下报告前头的执行摘要和报告末尾的成本概览。

提出观点

商界有效沟通的秘诀在于简洁、明晰、组织得当。我们都需要以最短的篇幅和最清楚的方式提供最多的信息。

支撑论据

1．简洁

确定你最重要的信息是什么，并坚持围绕其展开。将支撑性事实和数据分开——如果人们需要这些数据和事实，他们肯定能从文中找到。别让数据淡化了主题。

2．组织

根据本条指定的方式组织文字材料：

- 先交代背景和内容大意。吸引读者注意力。
- 说出你的想法——这是真正的关键点。
- 列出支撑性观点——包括列出反对的观点并加以反驳。
- 总结时重复主要论点并列出计划行动。

3．明晰

一心一意最好。一篇文章，不可能把什么都说了，但你多少得言之有物。文中应忌用被动句。表态要积极，多用：我认为、我建议。先要有愿负责的态度，后面才能收获功劳。

做到条理明晰的套路：观点 + 事实 + 论证 + 事例

我认为我们应多吃水果。水果对于饮食均衡至关重要。水果当中富含矿物质和维生素。一个橙子就足以为人提供一天所需的维生素 C。

那现在该怎么做呢？

商务沟通应简短、明晰、组织得当。

我们现在需要：

1．复印本页。
2．将其作为写作指南。
3．研究其他沟通活动的结构。
4．尽可能只用一面 A4 纸的篇幅。

别人的倾诉

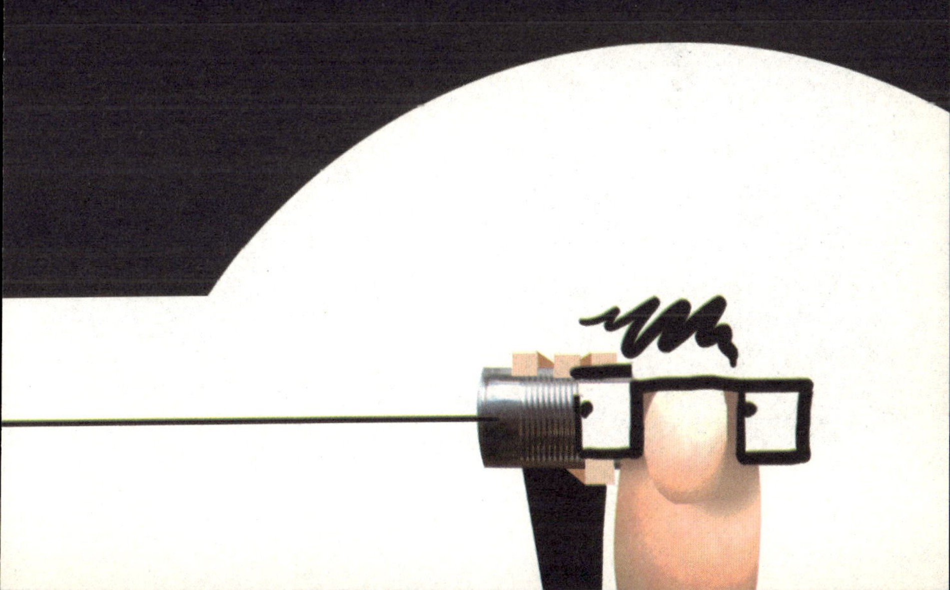

PERSONAL CONDITIONER
Works in 360°
NEW
YOU
With Skill Builder
LONG-LASTING EFFECTS
Brilliant Learning with cool trainers
Directions for use
Place the delegate in a well-lit room
Provide coffee at regular intervals
Don't allow laptops or BlackBerrys
Care instructions
• Always learn names fast
• Use them to control the room
• Watch out for process hijackers
• Make sure everyone works with everyone else
• Be alert to the energy in the room
• Take breaks when you need them
• Use energisers to refocus people
• Use the knowledge of the group
Additional information
Do you really need a big folder?
What will people retain mentally?
Follow up the week after (if you dare)
Product information
1 hour quick hit. Half-day seminar. Day-long training. Week-long immersion. Six-week programme. Life-long learning.

新面目 & 改进

如何获得令人印象深刻的培训成果

- 有条理地向他人推销培训的好处。
- 将自己的主题了解得一清二楚。
- 进行一次实地试点并从中学习。
- 拿出大量有用的、耐人寻味的内容。
- 发动大家广泛参与，进行互动。
- 以可用的模式给出有用的注意事项。
- 将学员分成若干小组并将其打散再组合。
- 鼓励学员将所学内容化为工作实践。
- 回顾一下哪些内容是有用的。
- 不断为培训注入新鲜的东西。

铃声响起

重拾失去的艺术——电话

- 先想好自己需要谈什么。
- 打电话时要全神贯注。
- 找好打电话的时机。
- 一开始先稍作闲聊。
- 说话要一小段一小段来，看看对方是否赞同自己的想法。
- 不要同时接听其他电话。谁都讨厌这个。
- 多说“是”。用口头表达给人以点头示意的画面感。
- 结尾时重复双方达成的共识。
- 在你遗忘之前马上着手跟进。
- 有时，不一定等到有需要时才打电话。

此刻你就是发言人

能使人们坐定聆听的演讲

- 演讲要简短、明了。
- 只说三件事。但可以反复说。
- 事先可以写讲话稿，但现场不要照着念。
- 增添亮色——加入事例、故事、人物。
- 不要一直躲在讲台后面。
- 开头缓、收尾快。
- 主动自嘲，别等到别人来笑你。
- 如果你对某事感觉强烈，你的表达应有同样强烈的感染力。
- 先得承认某事，然后才能就此提出要求。
- 将主题高高挂起、徐徐放落，最后踏实着陆。

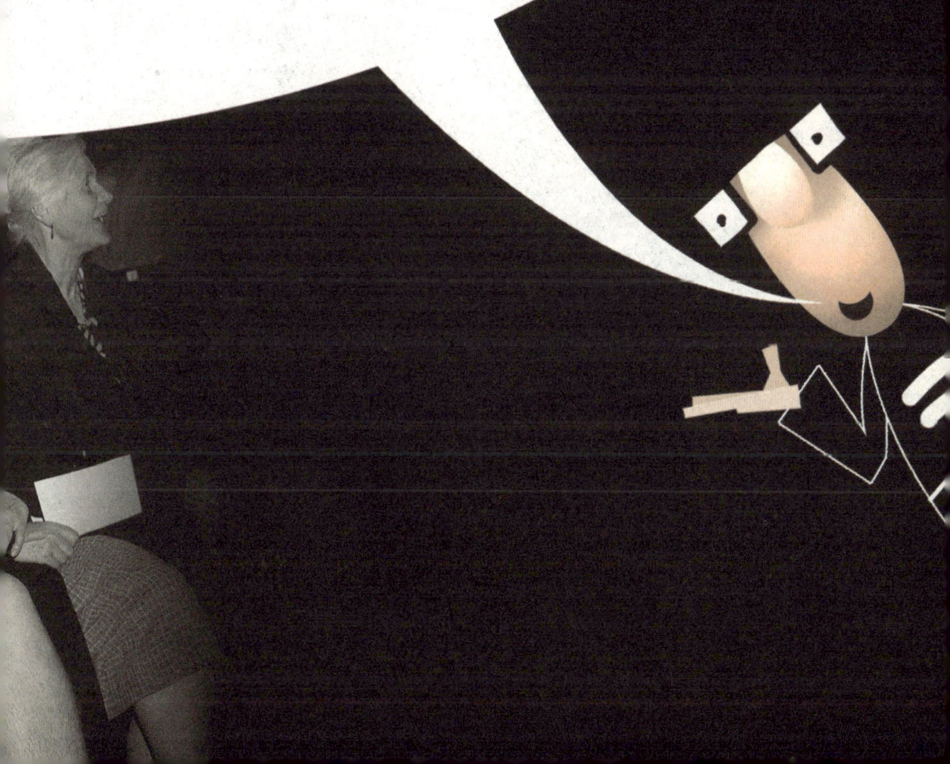

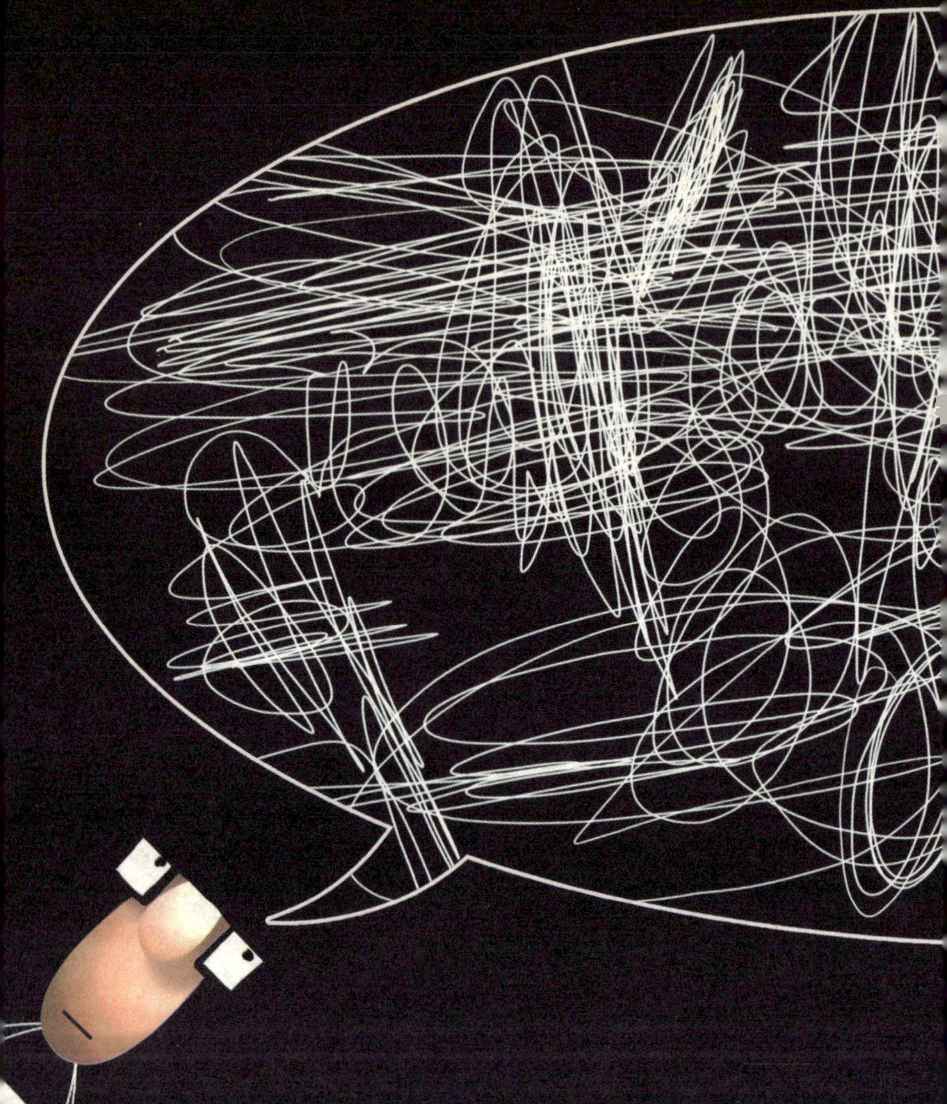

如何进行

尖锐的对话

- 认真选择对话时机。
- 预留出充足的对话时间。
- 清楚地知道你需要解决什么问题。
- 冷静地打出你的立场。
- 了解对方的来路。
- 认真聆听对方，理清对方观点。
- 明白双方各自的情绪。
- 严谨地找出双方的不同点。
- 就解决方案进行集体讨论，缩小双方分歧。
- 在结束之前提出方案。

团队吹风会

吹风会务必简明扼要、令人愉快

- 确定固定的开会时间和地点。
- 营造轻松氛围。
- 回顾上次会议以来所取得的进展。
- 事实陈述要迅速、清楚。
- 要求每个人均参与讨论。
- 听取反馈并妥善处理。
- 注意整个团队的总体情绪。
- 结尾时力争就前行方向达成一致意见。
- 后续行动应有时限，具有衡量标准。
- 要留有时间对某些员工的工作表示肯定、给予奖励。

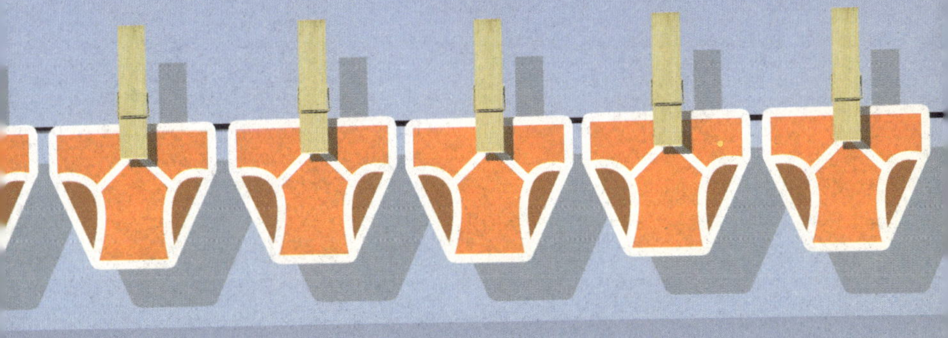

6

抢占先机

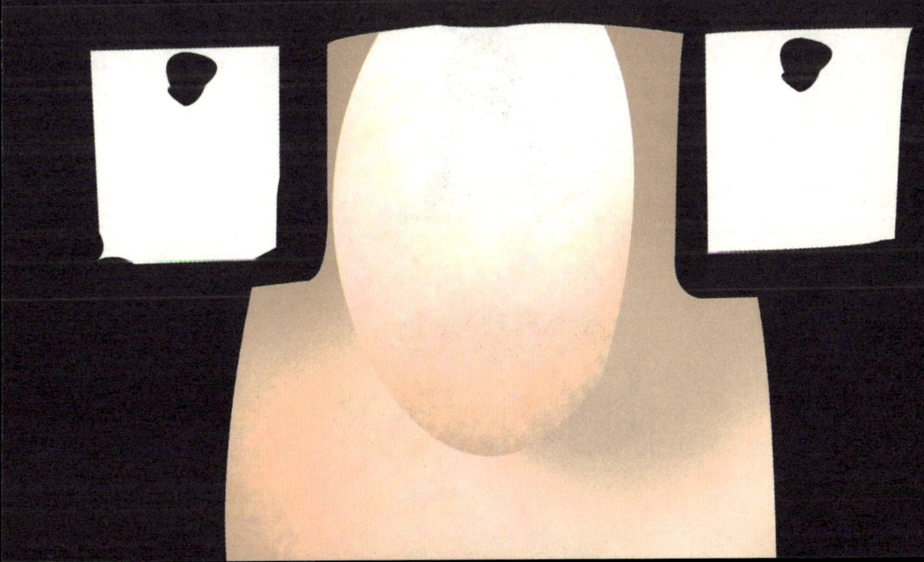

天天向上

如何朝这样的方向前进

- 把重心放到自己擅长的事情上。
- 要热情洋溢——热情是会传染的。
- 与有经验的人交谈。
- 忍受短期苦头，换取长远收益。
- 承诺要谨慎，落实要超预期。
- 当自己做好准备时，可以尝试接受一些大的挑战。
- 浪费时间即浪费生命。对这些人要避而远之。
- 跌落得越惨，你也就会变得越坚强。
- 否定充其量只是一种曲折，并不是一个终止符。
- 多朝上看、向外看。

那人好出色
是谁啊？

如何在工作中获得他人注意

- 主动与人打招呼。让别人认识你。
- 多与其他部门同事交朋友。
- 主动参与项目工作。
- 提出好的想法，获得他人褒奖。
- 与管理高层交谈。
- 组织社交活动。
- 工作手脚要快，并帮助他人。
- 承担办公室简报或博客的写作工作。
- 当你的老板工作出色时，要送上赞誉。
- 适时去人事部门走走。他们是最了解员工的人。

钱

如何挣更多的钱

- 将注意力放到努力工作上。
- 提高那些有价值的技能。
- 要学会开口要求提高收入。羞涩的代价是高昂的。
- 削减那些没有用处或者没有意思的开支。
- 哪个报价高挑哪个。
- 争取相关绩效薪酬，并不断提高自身绩效。
- 为了大涨工资，可以考虑跳槽换公司。
- 要想真正挣大钱，那就争取成为公司老板。
- 成为某个领域的专家。
- 谋大钱、舍小利。

骑牛行者

如何应对你的老板

- 埋头做好分内的事，少打扰你的老板。
- 多将解决办法摆到老板面前，而不是问题。
- 重要事务要及早着重标出。
- 对老板的管理才干要不吝赞誉。
  - 请老板对你进行指点。
  - 帮助老板完成其关键工作任务。
- 主动请缨承担新的重要工作。
- 在老板的老板面前说你老板的好话。
- 了解老板的兴趣点，投其所好。
- 你对老板的“管理”应该比他对你的管理更为出色。

把东西收拾整齐！！

以更明智的工作方式完成更多的工作任务

- 先把思路理清楚，再谈技术操作。
- 要么比别人早干一小时，要么比别人多干一小时。
- 早晨思考，下午动手。
- 将工作分为小一点的、易消化的若干部分。
- 如果你自己无法为某事增值，那就委托他人帮忙吧。
- 制定自己的行程，并遵照执行。
- 在工作日志中预留与人沟通的时间。
- 会议选择要精挑细选。
- 文案要齐整，收件箱要及时查阅。
- 着眼明天、着手今天。

FRANK
FRANK

坦诚交流

与你的老板一起作出良好评估

- 明确自己需要从评估中获得什么。
- 预测会出现什么样的情况。
- 谈谈你手头的事务和个人的抱负。
- 如果你有强烈的感受，那你就应清楚地做出表态。
- 不要过度防卫——要建设性地采纳他人的批评。
- 记住，任何事都是可以协商的。
- 将他人的反馈和所提目标记录下来。
- 争取更多的培训和支持。
- 好事没必要念念不忘，坏事没必要耿耿于怀。
- 思想积极，学会享受过程。

接入插座

感受人际网络的力量

- 对不寻常的邀请表示接受。
- 向他人介绍你自己。
- 首先要聆听他人的观点。
- 看看你是否能给他们帮上忙。
- 请他们为你提供帮助。
- 介绍他人相互认识。
- 迅速熟悉他人的名字。
- 与他人共进午餐。
- 可以亲吻青蛙，但仅限一次。
- 联系人名单要时时更新。

冲浪

如何获得董事会的认可

- 会前做足准备工作。
- 向主席汇报你的手头工作。
- 记住，董事会的本职就是领导。
- 对派别之分和办公室政治要有所提防。
- 了解董事会各成员的日程，利用日程空档时间。
- 整理好各项数据。
- 与一线员工保持紧密接触。
- 忌用一些模模糊糊的小伎俩。
- 具体工作可以委托给二级部门办理。
- 将剩下来的业务归由自己负责。

Playa Del Excito
Costa De Riquesas
Las Islas Tranquillas
Eldorado
成功了！
如何筹划好成功之后的事

OSTCARD

AIR MAIL

- 腾出时间去享受自己的成功。
- 清楚地知道自己是怎么办到的。
- 警惕新的威胁。
- 知道什么样的成功能让自己买账。
- 制订计划，争取日后再获成功。
- 帮助他人获得成功。
- 把文案工作处理好。
- 种树齐出力、果实共分享。与所有出力的人共享成果。
- 在还是艳阳高照时就先把屋顶的漏洞给补了。
- 现在，去学一些新东西吧。

7

继续前行

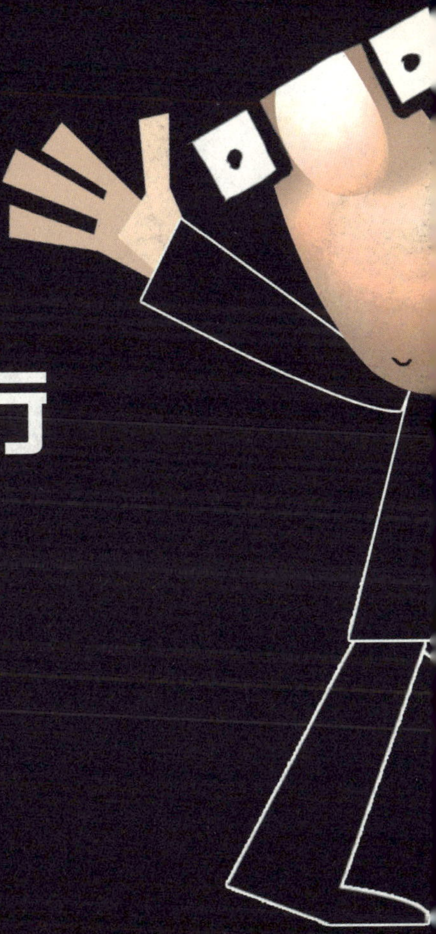

被灼伤的手指

如何以一副更强大、更睿智的面貌重新开始

- 直面现实。
- 确保自己从事件中吸取了教训。
- 莫要浪费精力去报复。
- 留住你看重的人员。
- 理顺个人生活的秩序。
- 休假，恢复精气神。
- 下一步该怎么走，听从直觉的指引。
- 去找有意思的人谈谈。
- 勇于接受全新的事物。
- 不要忘却自己的梦想。

写一份
好
履历

John Appleseed （用大字）

住址：TN18JB 萨默塞特郡邓灵镇布瑞本路 12 号　　出生日期：1985 年 4 月 1 日
电话：012345678　　手机：07777777777　　国籍：英国
电子邮件：j.appleseed@goldendelicious.net
（都是重要信息！）

个人简历 （不要含蓄，告诉他们你出色在哪儿！）

- 熟练苹果采摘师、果园主管和团队领袖
- 丰富的其他水果采摘经验——梨、榅桲果、橙子、柠檬
- 对人友好、善于自我激励、人际交往技巧出色、管理能力强

未来职业诉求 （一定要与你申请的职位相匹配）

- 高级果园主管
- 扩大经营规模
- 更多参与商业经营活动

工作经历 （此处须提供丰富的细节）

2008 年 4 月—2011 年 9 月　任考利果园首席采摘师
组织 3 组采摘工人完成 5 个果园的采摘工作，各果园时令水果采摘吨数平均超 1 万吨

2004 年 11 月—2008 年 4 月　任考利果园首席采摘师助理
协助协调各采摘工团队，并担任一支由 30 名采摘工组成的苹果采摘团队领袖
（有关联性）

2003 年 10 月—2004 年 11 月　在萨默塞特务农
日常农田劳作，包括种树、剪枝、畜牧

2003 年 6—9 月　主动赴西班牙采摘柠檬
与国际采摘团队共事，并被推选为领袖

相关技能

语言能力：西班牙语流利，会说一点中文　　驾照：无违章记录
电脑技能：熟练操作苹果 Mac 电脑，尤其是配备双核处理器机型
教育程度：（如果你有工商管理硕士毕业证，就不用谈中等职业毕业证了）

- 纽卡斯尔大学学士——农业科学
- 哈佛大学苹果商学硕士
- 牛津大学博士——苹果及其对地球引力学说的贡献

兴趣爱好：

- 饮用苹果汁
- 2006 年全国苹果压榨冠军
- 咬住悬挂的苹果
- ~~泥潭裸体摔跤~~ （提些有趣的玩意，但不要有那些引发争议的事）

推荐人 （记得首先跟他们打好招呼）

史密斯奶奶（Grannie Smith）　罗克斯巴勒郡金合欢花园 12 号
罗西·苹苹（Rosie Pippin）　萨默塞特郡威斯汀本镇老农场

再见朋友！！

如何稳妥地离职

- 千万不要因意气用事而辞职。
- 辞职之前先计划好退路。
- 等到心绪平静时，再作辞职决定不迟。
- 如果决定早上9点说比较好，那就挑9点说吧。
- 继续愉快地工作。
- 悄然找一份更好的工作。
- 在找到新东家前不要辞职。
- 和平分手吧。说不定抬头不见低头见。
- 配合做好工作的移交。
- 在前后两个工作之间留点空闲消遣一下。

下班

如何获得一份新工作

下班

- 明确自己是否需要一份新工作。
- 请人事部门安排一份新工作。
- 重构现有工作。
- 更新自己的履历。
- 更新自己的预期。
- 研究一下都有哪些机会。
- 跟猎头公司谈谈。
- 提高自己在业界的知名度。
- 开诚布公地地听取他人的意见。
- 主动承担现有岗位的重要工作。

如坐针毡

在职务面试中保持冷静

- 做好研究。互联网上的信息包罗万象。
- 思考考官可能会问什么样的问题。
- 守时，给人以聪慧的印象，心态要放松。
- 记住自己在职务申请中所写的东西。
- 目光要均匀地兼顾各位考官。
- 配合他们完成一次出色的面试。
- 你回答的越多，他们问的就越少。
- 对对方的业务要能给出自己的观点。
- 让自己的经历听起来有可取之处。
- 只谈真正有意思的个人兴趣。

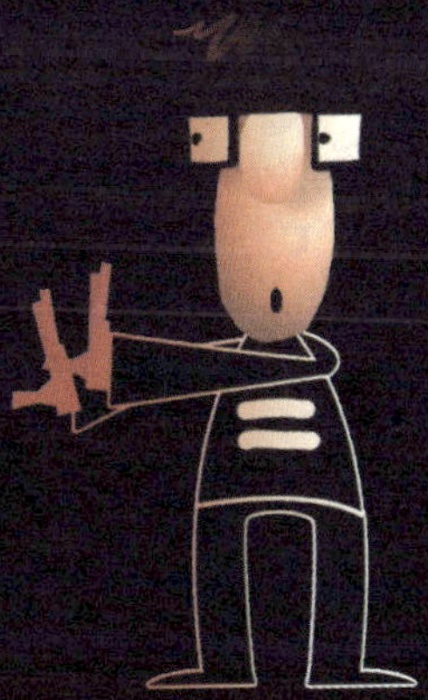

新人驾到

在新的岗位上安全着陆

- 了解谁会出面接待。
- 熟悉整个工作地点。
- 核实一下之前对方给出的承诺是否都已兑现。
- 与办公室主管交朋友。
- 向大老板报到。
- 快速熟悉同事的名字。
- 一开始就一定要请单位提供合适的办公材料。
- 要有“所有事情都会不一样”的心理准备。
- 多听、多看、多想。
- 上班第一个星期不要对任何事盲目表示赞同。

自己的道路

如何自己创业

- 做自己感兴趣的事。
- 调查相关市场和竞争情况。
- 真正理解顾客户需要什么。
- 清楚地知道遇到亏损，自己能够承担得起的上限是多少。
- 数字要一算再算。
- 要做好见效慢、成本增加的准备。
- 挑选合作伙伴要慎之又慎。
- 一开始最好找一个好客户。
- 作为起步，应拿出超乎预期的工作表现。
- 让别人觉得与你做生意是一件愉快的事。

营业中

盖伊·布朗宁（Guy Browning） 现任创新顾问公司——熏房公司（Smokehouse）的总经理，同时也是 DMB&B 广告公司广告撰稿人、附加值公司（Added Value Company）创意总监，以及《卫报》、《人员管理》和《今日管理》等报刊专栏作家，畅销书作家和 BBC 公司现职播音员。

www.smokehouse.co.uk

珍妮特·布朗（Janet Brown） 曾求学于坎伯韦尔艺术学院（Camberwell College of Arts），攻读图形设计，一度供职数家伦敦顶级设计机构，同时也是一名美术插画师。目前，她任豪格设计公司（Hog Design）设计总监。

www.hogdesign.co.uk

来看看我们的应用！

www.skill-pill.com/guru